REFORMA POLÍTICA

CONTRACORRENTE

ENEIDA DESIREE SALGADO

REFORMA POLÍTICA

São Paulo

2018

CONTRACORRENTE

Copyright © EDITORA CONTRACORRENTE

Rua Dr. Cândido Espinheira, 560 | 3ª andar
São Paulo – SP – Brasil | CEP 05004 000
www.editoracontracorrente.com.br
contato@editoracontracorrente.com.br

Editores

Camila Almeida Janela Valim
Gustavo Marinho de Carvalho
Rafael Valim

Conselho Editorial

Alysson Leandro Mascaro
(Universidade de São Paulo – SP)

Augusto Neves Dal Pozzo
(Pontifícia Universidade Católica de São Paulo – PUC/SP)

Daniel Wunder Hachem
(Universidade Federal do Paraná – UFPR)

Emerson Gabardo
(Universidade Federal do Paraná – UFPR)

Gilberto Bercovici
(Universidade de São Paulo – USP)

Heleno Taveira Torres
(Universidade de São Paulo – USP)

Jaime Rodríguez-Arana Muñoz
(Universidade de La Coruña – Espanha)

Pablo Ángel Gutiérrez Colantuono
(Universidade Nacional de Comahue – Argentina)

Pedro Serrano
(Pontifícia Universidade Católica de São Paulo – PUC/SP)

Silvio Luís Ferreira da Rocha
(Pontifícia Universidade Católica de São Paulo – PUC/SP)

Equipe editorial

Carolina Ressurreição (revisão)
Denise Dearo (design gráfico)
Mariela Santos Valim (capa)

Dados Internacionais de Catalogação na Publicação (CIP)
(Ficha Catalográfica elaborada pela Editora Contracorrente)

S164   SALGADO, Eneida Desiree.

Reforma Política| Eneida Desiree Salgado – São Paulo: Editora
Contracorrente, 2018.

ISBN: 978-85-69220-51-0

1. Política. 2. Democracia. 3.Reforma política. 4. Democracia direta.
I. Título.

CDU: 320

Impresso no Brasil
Printed in Brazil

sumário

I. A ETERNA REFORMA POLÍTICA: MUDAR
PARA EVITAR A MUDANÇA   7

II. AS SUCESSIVAS REFORMAS POLÍTICAS E
OS DIREITOS FUNDAMENTAIS   23

III. AS REFORMAS POLÍTICAS CONTRA A
LIBERDADE DE EXPRESSÃO   37

IV. AS REFORMAS POLÍTICAS E O DESPREZO
ÀS MINORIAS   55

V. QUEM REFORMA, O QUE REFORMA E
PARA QUE REFORMA?   75

I
a eterna reforma política: mudar para evitar a mudança

O clamor por mudanças nas regras do jogo eleitoral é frequente na história brasileira. Sempre houve descontentamento com as normas constitucionais e legais sobre direitos políticos, sistema eleitoral, sistema partidário, propaganda eleitoral, financiamento da política... A culpa pelo mal funcionamento das instituições representativas era (e ainda é) colocada na maneira como essas instituições eram (e continuam sendo) compostas.

Desde o Império é possível encontrar discursos neste sentido: "Não é possível adiar a reforma eleitoral (...) é uma exigência nacional que há de ser atendida, custe o que custar. (...) A reforma eleitoral é um pregão patriótico e enérgico contra o nosso desmoralizado regime eleitoral".[1] Em escrito da década de 1850, defende-se a extinção de todos os partidos então existentes em face da sua inutilidade, de sua falta de representatividade, da ausência de apego a princípios e da tendência de sempre serem favoráveis ao governo.[2] De outro lado, a Constituição e a lei eram absolutamente irrelevantes, como revela Joaquim Manuel de Macedo em obra literária de cunho fortemente político:

> (...) e bradava como um possesso, por não sei quantos parágrafos do artigo 179 da Constituição do Império: tive mil vezes vontade de rir; o pobre coitado, para escapar às garras dos fiéis e zelosos executores da lei, apadrinhava-se com uma alma do outro mundo, chamando em seu socorro a defunta!.[3]

---

[1] Essa citação é da introdução ao livro sobre o sistema eleitoral no Império de Francisco Belisário Soares de Souza, composta pelo editorial do jornal O Diário, quando da veiculação dos capítulos do livro. (SOUZA, Francisco Belisário Soares de. *O sistema eleitoral no Império*. Brasília: Senado Federal, 1979 [1872]).

[2] LISBOA, João Francisco. *Crônica Política do Império*. Rio de Janeiro/Brasília: F. Alves/INL, 1984 [1855].

[3] MACEDO, Joaquim Manuel de. *Memórias do Sobrinho de Meu Tio*. São Paulo: Companhia das Letras, 1995 [1868], p. 70. Em outra obra, publicada incialmente de maneira anônima em 1855,

I - A ETERNA REFORMA POLÍTICA: MUDAR...

Adotou-se o parlamentarismo no Segundo Reinado (de 1847 a 1889), de maneira bastante peculiar, já que a formação do gabinete se dava pela vontade do imperador, não dependendo dos resultados eleitorais. Tal reforma política, que modificou o sistema de governo, se deu sem alteração do texto constitucional: a criação do cargo de Presidente do Conselho de Ministros derivou da Lei n. 523, de 1847.[4]

A mudança não pareceu ter melhorado a política. O programa do Partido Progressista de 1862, depois de mais de vinte anos do novo sistema,

---

o autor é ainda mais enfático. Ao falar da Constituição do Império, o tio emociona-se: "Eis aí, pois, a santa mártir, meu sobrinho: quando ela nasceu, um povo interior saudou-a, como a fonte inesgotável de toda a sua felicidade, como o elemento poderoso de sua grandeza futura; saudou-a com o entusiasmo e a fé com que os hebreus receberam as doze Tábuas da Lei: pobre mártir! Não a deixaram nunca fazer o bem que pode: apunhalaram-na, apunhalam-na ainda hoje todos os dias, e entretanto cobrem-se com o seu nome e fingem amá-la os mesmos sacrílegos que a desrespeitam, que a ferem, que a pisam aos pés!" (MACEDO, Joaquim Manuel de. *A carteira de meu tio*. Rio de Janeiro: Record, 2001 [1855], p. 19).

[4] Para saber mais sobre o tema, ver HORBACH, Carlos Bastide. "O parlamentarismo no Império do Brasil (I). Origens e funcionamento". *Revista de Informação Legislativa*. Brasília, a.43, n. 172, out./dez. 2006, pp. 7-22; e HORBACH, Carlos Bastide. "O parlamentarismo no Império do Brasil (II). Representação e democracia". *Revista de Informação Legislativa*. Brasília, ano 44, n. 174, abr./jun. 2007, pp. 213-231.

defendeu a reforma da Constituição, a adoção de eleição direta e "a regeneração do sistema representativo e parlamentar", "a reforma e sincera execução da lei eleitoral de modo que as qualificações sejam verdadeiras e a eleição a expressão real da vontade nacional" por meio de criação de incompatibilidades (impedimentos para disputar eleições derivados da ocupação de um cargo público ou do exercício de uma atividade relacionada com o Poder Público, que podem ser afastados se o indivíduo deixar o cargo ou a atividade) e pela "representação necessária das minorias". Na discussão do programa do Partido Liberal de 1869 verifica-se a criação, por chefes partidários liberais e progressistas, do Club da Reforma, do jornal Reforma e do lema "ou a reforma ou a revolução". O primeiro ponto do programa tratou da reforma eleitoral e parlamentar, com proposta de eleição direta, mas com a manutenção do direito de voto vinculado à determinada renda, além de estipular regras de inelegibilidade (impedimentos para disputar eleições derivados de determinadas condutas consideradas indesejáveis pelo ordenamento jurídico ou pela relação com ocupantes do Poder Público, que não podem ser afastados por vontade do indivíduo e, atualmente, por decisão constituinte, do analfabetismo).[5]

---

[5] MELO, Américo Brasiliense de Almeida e. *Os programas dos partidos e o 2º Império*. São Paulo: Typ. de Jorge Seckler, 1878, pp. 15-18; 36-49.

I - A ETERNA REFORMA POLÍTICA: MUDAR...

Em 1881, ao final do Império, a grande alteração no sistema eleitoral foi o fim da "eleição em dois graus"; até então os votantes elegiam os eleitores de província que, por sua vez, elegiam deputados, senadores e membros dos Conselhos Gerais das Províncias (depois do Ato Adicional de 1834, Assembleias Legislativas Provinciais). Impulsionada pelo Imperador, a reforma também excluiu o voto dos analfabetos,[6] o que implicou uma drástica redução do eleitorado: a proporção dos cidadãos alistados como eleitores caiu de 10% da população para 1,25% – cerca de 150 mil eleitores em uma população com mais de 12 milhões de pessoas.[7]

É interessante ressaltar que a proposta de reforma constitucional com o propósito de excluir os analfabetos do corpo eleitoral foi recusada – o Senado considerou-a inconstitucional. O conselho de ministros foi substituído e a proibição de voto do analfabeto, de maneira indireta (pois se exigia que o eleitor escrevesse o nome do candidato), foi aprovada por lei (ainda que a Constituição não proibisse o voto daquele que não soubesse ler nem escrever). Nas

---

[6] Para saber mais, ver SALGADO, Eneida Desiree. "O Processo Eleitoral no Brasil Império". *Paraná Eleitoral*, Curitiba, vol. 47, pp. 13-27, 2003.

[7] FAORO, Raymundo. *Os donos do poder: formação do patronato político brasileiro*. São Paulo: Globo, 2001 [1958], p. 431.

discussões parlamentares, os representantes políticos chegaram a defender expressamente que os que não sabiam ler e escrever deviam ser governados pelos alfabetizados, em uma leitura bastante elitista. Rui Barbosa, defensor do projeto, chegou a afirmar que ele não contrariava a Constituição porque na verdade a Lei Saraiva iria fundar o direito de voto e, portanto, "não pode espoliar a ninguém de uma propriedade que antes dela não existia".[8]

A eleição direta ao final do Império acabou sendo aprovada juntamente com o afastamento dos analfabetos, pois considerava-se que o povo sem instrução era incapaz de se governar e de tomar decisões políticas. A busca por mais liberdades não era por mais liberdades para todos: tratava-se também de reduzir a possibilidade de alterações reais na estrutura de poder. Essa permanência não foi alterada sequer

---

[8] Alceu Ravanello Ferraro e Michele de Leão fazem uma descrição dos debates na Câmara e no Senado do que viria a ser o Decreto n. 3.029/1881, conhecido como Lei Saraiva. Analisando as discussões parlamentares, os autores afirmam: "O objetivo real da exigência de saber ler e escrever para ser eleitor não era purificar as urnas, como se pregava, mas sim impedir o alargamento da participação popular". Também assinalam que o número de eleitores só viria a superar o existente antes da restrição em 1945, mais de 70 anos depois (FERRARO, Alceu Ravanello; LEÃO, Michele de. "Lei Saraiva (1881): Dos argumentos invocados pelos liberais para a exclusão dos analfabetos do direito de voto". *Educação Unisinos*. 16 (3), pp. 241-250, setembro/dezembro 2012).

I - A ETERNA REFORMA POLÍTICA: MUDAR...

pela Proclamação da República: alguns nomes importantes da política imperial continuaram exercendo o poder no início do novo regime. O Imperador foi exilado, mas muitos dos parlamentares – como Rui Barbosa – seguiram em suas carreiras políticas.

Durante as várias fases republicanas, a demanda por mudanças permaneceu e a grande marca da Constituição de 1891 foi o fim da exigência de renda para o reconhecimento do direito de voto. Embora a Constituição não o proibisse expressamente, não se admitiu que as mulheres pudessem votar e ser votadas. Algumas propostas de reforma que surgiram queriam o retorno de instituições afastadas por reformas anteriores (e isso se repete muitas vezes na história política nacional, principalmente no tocante ao sistema eleitoral). Ao defender uma revisão constitucional em 1929, Augusto Cesar propunha a volta da eleição indireta, o fim do direito de voto para todos (que ainda não eram todos, pois os analfabetos e as mulheres estavam fora do eleitorado) e o voto facultativo, em que o eleitor decide se vai votar ou não.[9]

---

[9] Alguns trechos do manifesto de Augusto Cesar parecem demandas atuais de grupos conservadores: "Por mais appopleticamente que esbravejem os fanaticos do regimen – scientificamente falido para os povos inexperientes ou em formação – da democracia pura com suffragio directo, nunca conseguirão illidir a constatação rigorosamente inabalavel, operada nos gabinetes de estudos, longe das paixões e interesses políticos de que as virtudes, as

ENEIDA DESIREE SALGADO

A farsa democrática, com eleições fraudulentas, foi a marca da chamada Primeira República. Por vezes sequer se montavam as mesas receptoras de voto, apenas se faziam as atas de votação: "inventavam-se nomes, eram ressuscitados os mortos e os ausentes compareciam; na feitura das atas, a pena todo-poderosa dos mesários realizava milagres portentosos".[10] A chamada Revolução de 1930 teve como um de seus lemas a "verdade eleitoral", ao lado do liberalismo político. O fortalecimento da opinião pública, a crescente crítica política, a decadência dos líderes políticos e partidários e os debates sobre as instituições são apontados como causas do golpe de Estado[11] que instaurou um presidencialismo plebiscitário (com muitos poderes para o Presidente, que consultava a opinião pública apenas simbolicamente) baseado em um desenho corporativista (com a representação das profissões).[12]

---

qualidades activas e constructivas da especie ou das raças cabem ás minorias, ás elites e não ás massas densas e volumosas" (CESAR, Augusto. *Um Regimen...* A revisão constitucional e a inadministração pública no Brasil. Rio de Janeiro: A. Coelho Branco Fº Editor, 1929, pp. 8/9). Atualizando-se a grafia, talvez seja possível encontrar tais propostas em falas de alguns grupos políticos.

[10] LEAL, Victor Nunes. *Coronelismo, enxada e voto*: o municipio e o regime representativo no Brasil. 4ª ed. São Paulo: Alfa-Omega, 1978, p. 230.

[11] SALDANHA, Nelson Nogueira. *História das Ideias Políticas no Brasil*. Brasília: Senado Federal, 2001 [1968], pp. 290/291.

[12] LAMOUNIER, Bolívar. "O modelo institucional dos anos 30

I - A ETERNA REFORMA POLÍTICA: MUDAR...

A alegada busca por uma melhor democracia levou a um Código Eleitoral, à criação da Justiça Eleitoral e ao voto feminino em 1932 e a uma Constituição nova em 1934, mas logo depois a um novo golpe de Estado, que suspendeu as eleições e fechou os parlamentos. O chamado Estado Novo acabou com a organização partidária que se iniciava e a Constituição de 1937 institucionalizou a ditadura de Getúlio Vargas. O regime de força de Getúlio não vai ser o único na história brasileira. Na segunda ditadura assumida (iniciada pelo golpe de 1964), no entanto, as eleições não foram suspensas de maneira geral; a estratégia utilizada foi outra: a fraude eleitoral normativa.

Considera-se fraude normativa a alteração das regras eleitorais para beneficiar determinado candidato ou grupo político.[13] Bastante frequente no Brasil, essa tática busca condicionar o resultado das eleições pela alteração das condições de disputa: mudam-se as leis para que não mude o grupo que está no poder. As reformas constitucionais e legais promovidas pelo

---

e a presente crise brasileira". *Estudos avançados*, São Paulo, vol. 6, n. 14, abr. 1992.

[13] SALGADO, Eneida Desiree. *Administración de las elecciones y jurisdicción electoral*: un análisis del modelo mexicano y una crítica a la opción brasilera. México: Universidad Nacional Autónoma de México, Instituto de Investigaciones Jurídicas, 2016, p. 76.

regime civil-militar que dominou o Brasil de 1964 a 1985 eram constantes e se dirigiam a evitar o crescimento da oposição nos órgãos representativos.

No ano seguinte ao golpe editou-se uma lei para regular os partidos políticos, impondo uma cláusula de desempenho (ou de barreira) para seu funcionamento, além de um forte controle estatal. Três meses depois, o Ato Institucional n. 2 impôs a dissolução dos partidos políticos. No mês seguinte, o Ato Complementar n. 4 criou – artificialmente – um sistema bipartidário sem partidos, pois permitia apenas organizações políticas sem o uso do termo "partido". Com o endurecimento da ditadura, o Ato Institucional n. 5/1968 aniquilou as liberdades políticas e preparou a outorga da chamada Emenda Constitucional n. 1/1969 (verdadeiramente uma nova Constituição). Em 1971, uma nova lei regulamentou os partidos políticos.

A oposição ganhou as eleições de 1974 e novas alterações foram realizadas, para evitar a alternância no poder. Veio a Lei Falcão, restringindo a propaganda eleitoral. Depois, a Constituição sofreu uma grande reforma com o Pacote de Abril de 1977, que acabou com a eleição direta para governadores e para um terço dos senadores e aumentou o mandato do presidente (que era eleito indiretamente desde o golpe) para seis anos. Em 1979 uma alteração na Lei dos Partidos permitiu a criação de partidos e extinguiu os

I - A ETERNA REFORMA POLÍTICA: MUDAR...

até então existentes; a oposição, então, se dividiu em cinco partidos. Além disso, as eleições de 1980 foram canceladas pelo regime. As coligações partidárias foram proibidas para as eleições de 1982 e o voto só era válido se o eleitor votasse em candidatos do mesmo partido para todos os cargos (voto vinculado).

A fraude eleitoral de caráter normativo dominou todo o período autoritário. Interessante ressaltar que foi uma interpretação inédita de uma regra eleitoral que permitiu a vitória da Aliança Democrática em 1985: sob a Constituição (ou Emenda Constitucional) de 1969, vigorava a regra da fidelidade partidária – o parlamentar estava constitucionalmente vinculado às diretrizes de seu partido e, além disso, não podia abandonar o partido pelo qual tinha sido eleito. O Colégio Eleitoral, órgão então competente para eleger o presidente da República, tinha mais delegados do Partido Democrático Social, partido ligado aos militares. Se os delegados tivessem que votar no candidato de seu partido, Paulo Maluf (indicado pelo PDS) estaria eleito. Pois, de maneira surpreendente, o Tribunal Superior Eleitoral, em resposta à Consulta n. 7.135, editou a Resolução n. 11.985/1984, dispondo que "não existe norma constitucional ou legal que restrinja o livre exercício do sufrágio dos membros do Congresso Nacional e dos delegados das Assembleias Legislativas dos Estados no Colégio Eleitoral, de que trata os arts. 74 e 75 da Constituição, ou que lhe prescreva a nulidade por violação da fidelidade partidária", ainda que houvesse a previsão de voto no candidato indicado pelo partido nos estatutos das agremiações. A regra que valia até então não valeu, e a chapa de oposição venceu as eleições.

Uma das propostas da chapa vitoriosa nas eleições de 1985 era a convocação de uma assembleia constituinte. Com a morte de Tancredo Neves, José Sarney resolveu cumprir a promessa e, depois de muita disputa política no processo de construção do texto constitucional, a Constituição de 1988 estabeleceu uma nova ordem democrática, com ampla liberdade partidária, participação das minorias, liberdade para o exercício do mandato e regras para garantir a igualdade na disputa (entre elas a proibição de reeleição para a chefia do poder executivo). Além disso, o artigo 16 da Constituição é pensado para reduzir as possibilidades de fraude normativa, ao impor a anterioridade eleitoral como decorrência do princípio da estrita legalidade em matéria eleitoral.[14] A necessidade de que a modificação da regra eleitoral se dê com antecedência mínima de um ano em relação à eleição, essa eficácia diferida, tenta assegurar que não aconteçam reformas casuísticas, que surpreendam os partidos e os competidores. Tal

---

[14] SALGADO, Eneida Desiree. *Princípios constitucionais eleitorais.* Belo Horizonte: Fórum, 2015, pp. 237-247.

I - A ETERNA REFORMA POLÍTICA: MUDAR...

garantia, no entanto, tem sido enfraquecida por resoluções e decisões do Tribunal Superior Eleitoral que, inconstitucionalmente, modificam as condições da disputa eleitoral durante o período vedado pela Constituição.

A inconstância das regras eleitorais se manteve na nova ordem constitucional. Cada eleição contou com uma lei específica para sua regulação. Assim, com mudanças às vezes sutis, às vezes significativas (principalmente em matéria de financiamento), foram editadas as Leis ns. 7.773/1989, 8.214/1991, 8.713/1993 e 9.100/1995. Também neste período foram aprovadas a Lei de Inelegibilidades (Lei Complementar n. 64/1990) e a Emenda Constitucional n. 4/1993, dando nova redação ao artigo 16, que trata da anterioridade eleitoral. Em 1997, elaborou-se, a partir do Projeto de Lei n. 2.695/1997 apresentado pelo Deputado Edinho Araújo, do Partido do Movimento Democrático Brasileiro, a Lei n. 9.504 na intenção de regulamentar todas as eleições, trazendo um arcabouço normativo estável para a disputa eleitoral. Concomitantemente, a Emenda Constitucional n. 16/1997 permitiu a reeleição para as chefias do Poder Executivo, novamente para evitar uma provável alternância no poder.

Logo depois da primeira eleição sob a chamada "Lei das Eleições", a Lei n. 9.840/1999 alterou a legislação, com três modificações na Lei n. 9.504/97 e uma no Código Eleitoral. Mais uma eleição e a Lei n. 10.408/2002 modificou 14 dispositivos da Lei das Eleições; que foi alterada novamente depois de uma eleição, em nove dispositivos, pela Lei n. 10.740/2003. Uma eleição depois, houve a aprovação da Emenda Constitucional n. 52/2006, em resposta à imposição de verticalização das coligações pelo Tribunal Superior Eleitoral e da Lei n. 11.300/2006, que trouxe 60 alterações na Lei n. 9.405/97. Em dezembro de 2006, o Supremo Tribunal Federal afastou a cláusula de barreira prevista na Lei dos Partidos e seus reflexos na divisão dos recursos públicos e da propaganda partidária. Outra modificação promovida pelo Poder Judiciário foi a invenção da perda de mandato por desfiliação partidária sem justa causa em 2007. Entre as eleições de 2008 e 2010, a Lei n. 12.034/2009 fez uma ampla reforma na legislação eleitoral, com 172 modificações na Lei das Eleições, duas no Código Eleitoral e 22 na Lei dos Partidos Políticos. Em junho de 2010 a Lei Ficha Limpa entrou em vigor, mudando fortemente a Lei das Inelegibilidades. Em dezembro, a Lei n. 12.350 modificou a Lei n. 9.504/1997 em seis dispositivos.

Depois das eleições de 2012, as reformas se intensificaram. Duas leis de 2013 (Lei n. 12.875 e Lei n. 12.891) alteraram 105 dispositivos: seis no Código Eleitoral, 17 na Lei dos Partidos e 82 na Lei das Eleições.

I - A ETERNA REFORMA POLÍTICA: MUDAR...

A Lei n. 12.976/2014 modificou em três pontos a Lei das Eleições. E duas leis de 2015 (Leis ns. 13.107 e 13.165) trouxeram 257 mudanças: 33 no Código Eleitoral, 71 na Lei dos Partidos e 153 na Lei das Eleições. Em setembro daquele ano, o Supremo Tribunal Federal declarou inconstitucional a possibilidade de doações de pessoas jurídicas para partidos políticos e campanhas eleitorais, que vigorava desde 1993. Em fevereiro de 2016, a Emenda à Constituição n. 91 abriu uma janela de desfiliação partidária sem perda de mandato.

Em 2017, novamente, o debate sobre a reforma política instalou-se sob o discurso da necessidade de melhorar a política e os políticos via alterações normativas. Foi aprovada a Emenda Constitucional n. 97, que veda coligações partidárias nas eleições proporcionais, impõe uma cláusula de barreira e estabelece regras de transição. Duas leis eleitorais (Lei n. 13.487 e Lei n. 13.488) modificaram o Código Eleitoral, a Lei das Eleições e a Lei dos Partidos Políticos. Não se sabe se todas resistirão a uma eventual análise de conformidade com a Constituição.

As reformas eleitorais se sucedem sem muita coerência e sem conseguir melhorar o sistema político, que parece intimamente vinculado às mesmas forças políticas (ainda que, às vezes, possa sugerir um escape). Com tantas modificações, a vontade de mudar não diminui. Paulo Leminski talvez traduza esse sentimento: "Bem no fundo, no fundo, no fundo, bem lá no fundo, a gente gostaria de ver nossos problemas resolvidos por decreto".[15] Ou quem sabe esteja certo Lampedusa, ao fazer seu Príncipe de Salina afirmar: "Se queremos que tudo continue como está, é preciso que tudo mude".[16]

---

[15] LEMINSKI, Paulo. *Distraídos venceremos*. São Paulo: Editora Brasiliense, 1987.

[16] LAMPEDUSA, Giuseppe Tomasi di. *O Leopardo*. São Paulo: Companhia das Letras, 2017 [1958].

II

as sucessivas reformas políticas e o ataque aos direitos fundamentais

Não é usual ver os direitos políticos como direitos fundamentais. No entanto, a participação política (com a exigência de consentimento para a tributação e para a legislação) surge como uma das primeiras demandas, junto à liberdade religiosa e à proteção contra a prisão arbitrária, na defesa de direitos contra o poder do Estado. A Constituição brasileira, inquestionavelmente, trata o direito de voto e o direito de ser votado como direitos fundamentais. Assim, a percepção de legisladores e magistrados está em desacordo com a Constituição e contra a doutrina dos direitos fundamentais quando não trata os direitos políticos como dotados de fundamentalidade.

Como reflexo desse comportamento, as modificações na legislação eleitoral frequentemente atacam os direitos de voto e de elegibilidade, sem respeitar a importância desses direitos na democracia e no Estado de Direito. Historicamente dois exemplos revelam esse desrespeito: a proibição do voto do analfabeto e a vedação ao voto das mulheres.

Saber ler e escrever não era exigido para participar das eleições durante o período do Brasil Colônia e boa parte do Império. Como visto anteriormente, foi um decreto de 1881 que passou a determinar que só poderia votar quem soubesse escrever o nome do seu candidato. Vale lembrar, no entanto, que a Constituição Imperial de 1824 não proibia a participação política do não alfabetizado: o artigo 91 reconhecia o direito de voto nas eleições primárias aos cidadãos brasileiros (que eram os que tinham nacionalidade brasileira) e aos estrangeiros naturalizados. Nas Assembleias Paroquiais estavam excluídos os menores de 25 anos, os filhos-famílias (que dependiam do pai), os criados, os religiosos e os que não tinham renda líquida anual de pelo menos cem mil réis (artigo 92).

II - AS SUCESSIVAS REFORMAS POLÍTICAS...

Apesar do texto constitucional não ser modificado, os analfabetos deixaram de ter o direito de voto reconhecido após a reforma promovida pela chamada Lei Saraiva, que levou à restrição de direitos, não à sua promoção. No caso da exclusão das mulheres, sequer houve necessidade de reforma. Como visto, as mulheres não eram excluídas expressamente do corpo eleitoral. Há menção à preferência de um herdeiro do sexo masculino a uma herdeira, o que demonstra a possibilidade de uma mulher assumir o trono: era possível uma imperatriz governar o país. Em relação aos direitos, a Constituição de 1824 (como todas as outras), usa apenas "cidadão", podendo-se deduzir a utilização do masculino como gênero neutro, que abarcaria também as mulheres. Porém, os comentários ao texto sequer problematizam a questão, considerando natural o recorte em face do sexo.[17]

---

[17] Assim João Camillo de Oliveira Tôrres, que defende o espírito liberal da Constituição do Império e a amplitude dos direitos políticos, ainda que "nem todos os cidadãos estavam em gôzo dêsses direitos, pelo grande número de restrições, provenientes do sexo, idade, condições de fortuna, linhagem, etc." e Pimenta Bueno, que afirma que para possuir direitos políticos "é preciso offerecer á sociedade certas garantias indispensaveis, certa idade, condição e propriedade, e consequentemente certa intelligencia, moralidade e independencia" (TÔRRES, João Camillo de Oliveira. *A democracia coroada* (Teoria política do Império do Brasil). Rio de Janeiro: Livraria José Olympio, 1957, p. 278; PIMENTA BUENO, José Antonio. *Direito publico brazileiro e*

Algumas mulheres tentaram o alistamento eleitoral com base na ausência de restrição constitucional ou legal, no entanto, considerou-se necessário que houvesse regulamentação legal para a participação da mulher.

Com a proclamação da República, nada mudou. A igualdade tida como fundamento do novo regime político não alcançava as mulheres, tampouco os analfabetos. O voto feminino esperou mais de quarenta anos para ser implementado e a exclusão dos analfabetos perdurou por 95 anos de República. O caráter excludente dos direitos políticos é ainda mais evidente em relação à elegibilidade.

O afastamento de parcelas da população dos espaços de poder é marcante na história brasileira, pela combinação de obstáculos estabelecidos em lei e bloqueios derivados da mentalidade e das relações sociais. Durante o Império, apenas os que tinham determinada renda (mais elevada a depender da complexidade do cargo) podiam receber votos e, ainda, precisavam professar a religião do Estado (artigo 95 da Constituição de 1824). Na primeira Constituição republicana, não podiam concorrer a cargos eletivos os mendigos, os analfabetos, os militares de categoria inferior na hierarquia (como cabos e soldados) e os

---

analyse da Constituição do Imperio. Rio de Janeiro: Typographia Imp. e Const. De J. Villeneuve E C., 1857, pp. 471/472).

II - AS SUCESSIVAS REFORMAS POLÍTICAS...

religiosos sujeitos à renúncia de sua liberdade individual, além dos menores de 21 anos (artigo 70) e das mulheres, por exclusão não explícita.

O primeiro Código Eleitoral brasileiro, que vem depois da chamada Revolução de 1930 e antes da Constituição de 1934, editado pelo governo provisório, reconhece os direitos políticos das mulheres e dos religiosos. O Decreto n. 22.364/1933 estabelece as inelegibilidades para a eleição da Assembleia Nacional Constituinte e exclui os ocupantes de cargos públicos, como os chefes do poder executivo e seus auxiliares, os chefes das forças armadas e das polícias, os ministros dos tribunais e os juízes e os parentes do chefe do governo provisório da disputa eleitoral. A Constituição de 1934 estende a inelegibilidade por parentesco para os estados e municípios. Essas restrições se referiam à igualdade na disputa eleitoral, buscando evitar um desequilíbrio entre os competidores.

Depois do Estado Novo, a Lei Agamenon (Decreto-Lei n. 7.586/1945) inaugurou o monopólio dos partidos políticos na apresentação de candidatos. Os partidos passaram a ser os filtros do direito de concorrer a cargos eletivos, condição que se mantém até hoje. A Constituição de 1946 não alterou significativamente as hipóteses de inelegibilidade, pelo menos até as modificações promovidas pelo Regime

Militar, que passaram a exigir quatro anos de domicílio eleitoral no estado ou no município.

Com o golpe militar, vieram o Código Eleitoral de 1965 (Lei n. 4.737/1965), a Lei Orgânica dos Partidos Políticos (Lei n. 4.740/1965) e as disposições no artigo 146 da Constituição de 1967 e nos artigos 149 a 151 da Constituição de 1969. E, ainda, o Ato Institucional n. 5/1968, que permitiu que "no interesse de preservar a [assim chamada] Revolução, o Presidente da República, ouvido o Conselho de Segurança Nacional, e sem as limitações previstas na Constituição, poderá suspender os direitos políticos de quaisquer cidadãos pelo prazo de 10 anos e cassar mandatos eletivos federais, estaduais e municipais", deixando os direitos de ser votado, de votar, de participar de eleições sindicais e de se manifestar sobre assuntos de natureza política nas mãos do general que estivesse ocupando o cargo de presidente, sem ter sido eleito democraticamente.

Nesse mesmo contexto, surgiu outra lei para reformar a esfera político-eleitoral. A ditadura elaborou uma norma específica para tratar das restrições ao direito de concorrer a cargo eletivo: a Lei Complementar n. 5/1970. Ficaram impedidos de concorrer os atingidos pelos atos institucionais, assim como seus cônjuges; os que participavam de organizações ou partidos considerados antidemocráticos; os que respondiam

II - AS SUCESSIVAS REFORMAS POLÍTICAS...

a processo judicial por crime contra a segurança nacional, a ordem política e social, a economia popular, a fé pública e a administração pública, o patrimônio ou por arguição de inelegibilidade de má-fé. A Lei Complementar n. 42/1982 modificou esse último dispositivo, estabelecendo a inelegibilidade apenas depois da condenação.

Na alegada redemocratização, a Emenda Constitucional n. 25/1985 varreu o "entulho autoritário", restabeleceu o voto do analfabeto, e a emenda seguinte convocou a Assembleia Nacional Constituinte. Em um processo democrático e com ampla discussão, com participação popular pela apresentação de emendas e do envio de sugestões, elaborou-se o texto constitucional.

A Constituição de 1988 trata dos direitos políticos nos artigos 14, 15 e 16. Pela primeira vez são previstos instrumentos de participação política direta, como o plebiscito, o referendo e a iniciativa popular de leis. Não têm direito à voto os menores de 16 anos, os estrangeiros e os que estão prestando serviço militar obrigatório. A filiação partidária continua como exigência para disputar mandato eletivo e a Constituição estabelece a proibição de reeleição em seu texto original (modificado pela Emenda Constitucional n. 16/1997), bem como a inelegibilidade por parentesco com os chefes do Poder

Executivo (Presidente, Governadores e Prefeitos). Os militares (com exceção dos conscritos) podem participar da vida política, votando e sendo votados, com diferentes consequências quando da eleição a depender do tempo de atividade.

As restrições estabelecidas pela Constituição se fundamentam nos princípios da autenticidade eleitoral e da máxima igualdade na disputa eleitoral. Os recortes constitucionais indicados no artigo 14 não correspondem a sanções, não se vinculam à ideia de penalidade. No entanto, nas hipóteses de perda ou suspensão de direitos políticos, previstas no artigo 15 da Constituição, é possível encontrar impedimentos com nítido caráter sancionatório. Se nas duas primeiras (cancelamento de naturalização e incapacidade civil absoluta) não há relação com uma resposta negativa do ordenamento jurídico a uma conduta considerada indesejada, nas outras três hipóteses – condenação criminal transitada em julgado, recusa de cumprir obrigação a todos imposta ou prestação alternativa e improbidade administrativa – a natureza punitiva é evidente.

Como toda restrição a direito fundamental, as inelegibilidades devem ser interpretadas restritivamente, atingindo na menor medida possível os direitos dos cidadãos. E isso não se aplica apenas às restrições constitucionais; com mais razão ainda, é preciso se

II - AS SUCESSIVAS REFORMAS POLÍTICAS...

dar uma leitura adequada às inelegibilidades previstas na lei complementar anunciada pela Constituição.

Os valores a serem protegidos estão anunciados no parágrafo 9º do artigo 14: a normalidade e legitimidade das eleições contra a influência do poder econômico ou o abuso do exercício de função, cargo ou emprego na administração direta ou indireta e, com a redação dada pela Emenda Constitucional de Revisão n. 4/1994, também a probidade administrativa e a moralidade para exercício de mandato, considerada a vida pregressa do candidato. Com base nesses fundamentos é que o legislador poderia colocar outros obstáculos para a participação nas eleições.

A Lei Complementar n. 64/1990 trazia um conjunto de restrições, com prazos variados, a depender da conduta e de sua gravidade. Assim, havia previsão de afastamento da disputa eleitoral por três anos para parlamentares, governadores e prefeitos que perdessem seus mandatos por decisão da casa legislativa; pelo mesmo tempo para quem fosse condenado por abuso de poder econômico ou político pela Justiça Eleitoral; também por três anos além do cumprimento da sentença para os condenados criminalmente com sentença transitada em julgado por crimes contra a economia popular, a fé pública, a administração pública, o patrimônio público, o mercado financeiro, por tráfico de entorpecentes e por crimes eleitorais;

ENEIDA DESIREE SALGADO

por quatro anos para os indignos do ou incompatíveis com o oficialato;[18] e por cinco anos para quem teve contas públicas rejeitadas. Desafiando a Constituição e o princípio da presunção de inocência (ou de não culpabilidade), a Lei prevê a inelegibilidade daqueles "que, em estabelecimentos de crédito, financiamento ou seguro, tenham sido ou estejam sendo objeto de processo de liquidação judicial ou extrajudicial, hajam exercido, nos 12 (doze) meses anteriores à respectiva decretação, cargo ou função de direção, administração ou representação, enquanto não forem exonerados de qualquer responsabilidade". Como se pode verificar, não há prazo final para essa inelegibilidade.

Em 2004, o Tribunal Superior Eleitoral ampliou as restrições ao direito de concorrer a cargo eletivo ao considerar de maneira mais exigente a "quitação

---

[18] Segundo o Código Penal Militar (Decreto-Lei n. 1.001/69), fica sujeito à declaração de indignidade para o oficialato o militar condenado, qualquer que seja a pena, nos crimes de traição, espionagem ou cobardia, ou em qualquer dos definidos nos artigos 161 [desrespeito a símbolo nacional], 235 [pederastia ou outro ato de libidinagem], 240 [furto], 242 [roubo], 243 [roubo indireto], 244 [extorsão], 245 [chantagem], 251 [estelionato], 252 [abuso de pessoa], 303 [peculato], 304 [peculato mediante aproveitamento ou erro de outrem], 311 [falsificação de documentos] e 312 [falsidade ideológica]; e fica sujeito à declaração de incompatibilidade com o oficialato o militar condenado nos crimes dos artigos 141 [entendimento para gerar conflito ou divergência com o Brasil] e 142 [tentativa contra a soberania do Brasil].

II - AS SUCESSIVAS REFORMAS POLÍTICAS...

eleitoral" para o registro de candidatura. Assim, sem mudança na legislação, sem manifestação dos representantes políticos, os magistrados eleitorais buscaram afastar das eleições aqueles que tiveram suas contas de campanha desaprovadas. Em uma queda de braço com os legisladores, a Lei das Eleições passou a determinar, ao contrário do que os tribunais vinham afirmando, que a quitação não exige a aprovação das contas eleitorais, bastando sua apresentação.

Em 2008, ganha forma uma nova cruzada dos magistrados pela moralidade e contra os direitos fundamentais. Sem apoio legal, os Tribunais Regionais Eleitorais passaram a negar o registro de candidatura de cidadãos com condenação criminal ainda não transitada em julgado e que tivessem respondendo a processo por improbidade administrativa. O Tribunal Superior Eleitoral, por quatro votos a três, resolveu ser impossível impedir alguém de ser candidato sem previsão legal (Consulta n. 1.621). Apreciando o mesmo tema, na Arguição de Descumprimento de Preceito Fundamental n. 144, o Supremo Tribunal Federal decidiu, por maioria, que a garantia da presunção da inocência extrapola o âmbito penal e que é impossível construção jurisprudencial em matéria de inelegibilidade, reservada à lei complementar. A primeira parte da decisão, como se verá, não persistiu.

A Lei das Inelegibilidades sofreu uma profunda reforma com a Lei Complementar n. 135/2010.

ENEIDA DESIREE SALGADO

Gestada em meio a uma grande comoção social sobre a corrupção, e impulsionada por um movimento que recolhia assinaturas para apresentá-la como de iniciativa popular, a lei alarga desmedidamente as vedações à participação na disputa eleitoral: a luta era por uma política só com cidadãos "ficha limpa". O projeto ressuscita a inelegibilidade por denúncia constante na Lei de Inelegibilidades da ditadura, propondo o impedimento daqueles "que forem condenados em primeira ou única instância ou tiverem contra si denúncia recebida por órgão judicial colegiado pela prática de crime descrito nos incisos XLII ou XLIII do art. 5º. da Constituição Federal ou por crimes contra a economia popular, a fé pública, os costumes, a administração pública, o patrimônio público, o meio ambiente, a saúde pública, o mercado financeiro, pelo tráfico de entorpecentes e drogas afins, por crimes dolosos contra a vida, crimes de abuso de autoridade, por crimes eleitorais, por crime de lavagem ou ocultação de bens, direitos e valores, pela exploração sexual de crianças e adolescentes e pela utilização de mão-de-obra em condições análogas à de escravo, por crime a que a lei comine pena não inferior a 10 (dez) anos, ou por houverem sido condenados em qualquer instância por ato de improbidade administrativa, desde a condenação ou o recebimento da denúncia, conforme o caso, até o transcurso do prazo de 8 (oito) anos após o cumprimento da pena".

II - AS SUCESSIVAS REFORMAS POLÍTICAS...

Essa proposta não foi aprovada no processo legislativo, mas ainda assim a chamada Lei Ficha Limpa traz uma série de ofensas à Constituição no rol de inelegibilidades. Primeiramente estabelece para todos os casos a restrição de disputar eleições por oito anos, sem considerar a gravidade do fato. Ignorando o princípio da presunção de inocência, deixa de exigir o trânsito em julgado (quando a decisão é definitiva por não caber mais recurso para sua modificação) para a imposição da restrição. Ainda, aumenta consideravelmente o catálogo dos crimes que geram inelegibilidade para além do tempo de cumprimento da pena. Outras oito hipóteses se juntam a essas, entre elas a que prevê inelegibilidade por decisão de um órgão de classe que leve à exclusão do exercício da profissão por infração ético-profissional.

Era de se esperar que o Poder Judiciário declarasse a inconstitucionalidade das reformas, pelas evidentes ofensas aos valores constitucionais fundamentais. Isso não aconteceu. Em nome da moralidade – e não dos direitos fundamentais e da democracia – o Supremo Tribunal Federal declarou válida e adequada à Constituição a Lei Ficha Limpa, bem como decidiu por sua aplicação a fatos anteriores à sua existência, pois não considerou que as inelegibilidades tivessem caráter punitivo. Sequer repetiram sua leitura quanto ao princípio da presunção de inocência se aplicar ao âmbito eleitoral, o que demandaria que apenas decisões definitivas pudessem afastar cidadãos da disputa eleitoral. Reafirma-se aqui que as inclusões trazidas pela lei tem nitidamente uma intenção sancionatória, punitiva, que tem como finalidade castigar quem pratica as condutas e evitar que outros pratiquem aquelas ações. No entanto, a insistência em negar a essência dessas inelegibilidades, não afasta sua natureza de restrições a direitos fundamentais.

Se as sucessivas reformas republicanas referentes ao direito de votar alargaram seu alcance, ampliando a cidadania, o mesmo não aconteceu com o direito de ser votado. A alegada luta contra a corrupção levou ao amesquinhamento dos direitos fundamentais e à redução da competição eleitoral, com o Poder Judiciário funcionando como verdadeiro filtro das alternativas à disposição do eleitorado.

III

as reformas políticas contra a liberdade de expressão

A liberdade de expressão também tem sido vítima das constantes alterações da legislação eleitoral. A comunicação política, essencial não apenas para a formação da vontade do eleitorado, mas principalmente para a consciência política, vem sendo fortemente restringida por sucessivas leis que diminuem as possibilidades de propaganda eleitoral e, por consequência, reduzem a competição política e a chance de alternância nos espaços de poder.

A ditadura militar buscou restringir a comunicação das ideias contrárias a sua doutrina e diminuir a visibilidade das forças opositoras. O Código Eleitoral, elaborado logo após o golpe militar e ainda em vigor, desde logo estabeleceu limites para a propaganda eleitoral. O mais curioso talvez seja o do artigo 242, que afirma que a propaganda eleitoral só pode ser realizada em língua nacional e não deve "empregar meios publicitários destinados a criar artificialmente, na opinião pública, estados mentais, emocionais ou passionais".[19] O Código Eleitoral ainda estabelece, em seu artigo 243, que "não será tolerada propaganda" "de guerra, de processos violentos para subverter o regime, a ordem política e social ou de preconceitos de raça ou de classes"; "que provoque animosidade entre as forças armadas ou contra elas, ou delas contra as classes e instituições civis"; "de incitamento de atentado contra pessoa ou bens"; "de instigação à desobediência coletiva ao cumprimento da lei de ordem pública"; "que implique em oferecimento, promessa ou solicitação de dinheiro, dádiva,

---

[19] Esse era o texto original do artigo. Com a reforma em 1986, a redação, ainda válida, passou a ser a seguinte: "A propaganda, qualquer que seja a sua forma ou modalidade, mencionará sempre a legenda partidária e só poderá ser feita em língua nacional, não devendo empregar meios publicitários destinados a criar, artificialmente, na opinião pública, estados mentais, emocionais ou passionais." Além disso, foi suprimido o parágrafo que permitia à Justiça Eleitoral adotar "medidas para fazer impedir ou cessar imediatamente a propaganda realizada com infração do disposto neste artigo".

III - AS REFORMAS POLÍTICAS CONTRA A LIBERDADE...

rifa, sorteio ou vantagem de qualquer natureza"; "que perturbe o sossego público, com algazarra ou abusos de instrumentos sonoros ou sinais acústicos"; "por meio de impressos ou de objeto que pessoa inexperiente ou rústica possa confundir com moeda"; "que prejudique a higiene e a estética urbana ou contravenha a posturas municipais ou a outra qualquer restrição de direito"; "que caluniar, difamar ou injuriar quaisquer pessoas, bem como órgãos ou entidades que exerçam autoridade pública".

Como em relação a outros temas, também a propaganda serviu para a fraude normativa da ditadura militar. O principal exemplo dessa atuação foi a edição de uma lei de propaganda fortemente proibitiva depois das eleições de 1974, já que estas apresentaram resultados bastante positivos para a oposição, com o Movimento Democrático Brasileiro (MDB) conquistando 15 das 22 cadeiras em disputa para o Senado e 44% dos deputados (160, contra 204 eleitos pela Aliança Renovadora Nacional – ARENA).[20] Em resposta, o Ministro da Justiça, Armando Falcão, propôs e aprovou uma alteração nas regras de propaganda do Código Eleitoral. O artigo 250 previa duas horas diárias de propaganda eleitoral gratuita no

---

[20] TRIBUNAL SUPERIOR ELEITORAL. *Dados estatísticos: eleições federais e estaduais realizadas no Brasil em 1974*. Brasília: Departamento de Imprensa Nacional, 1977.

rádio e na televisão nos sessenta dias anteriores à eleição. A Lei n. 6.339/1976, conhecida como Lei Falcão, manteve o tempo de campanha para as eleições gerais, mas diminuiu significativamente (uma hora durante trinta dias) nas eleições municipais e restringiu a propaganda à menção da legenda, currículo e número do candidato e à divulgação da fotografia e de horário de comícios. O Decreto-Lei n. 1.538/1977, integrante do Pacote de Abril de 1977 que reformou parte das instituições nacionais sem participação do Congresso, estendeu essas restrições às eleições gerais. Na defesa dessa regulamentação, o Ministro Falcão afirmava que a intenção era reduzir desigualdades entre os municípios. Na discussão do projeto no Senado, os representantes do MDB consideraram que o texto representava um "inadmissível retrocesso na vida pública", pois eliminava a crítica e o debate e, por consequência, a informação política, além de intensificar a desigualdade entre os candidatos, concedendo larga vantagem às celebridades e aos políticos conhecidos do público.[21]

Com a abertura democrática, a Lei n. 7.332/1985, que veio regular as eleições municipais, afastou essas

---

[21] AGÊNCIA SENADO. *Há 40 anos, Lei Falcão reduzia campanha eleitoral na TV a 'lista de chamada'*. Senado Federal. Notícia veiculada em 30 de setembro de 2016. Disponível em https://www12.senado.leg.br/noticias/materias/2016/09/30/ha-40-anos-lei-falcao-reduzia-campanha-eleitoral-na-tv-a-lista-de-chamada. Acesso em 02.02.2018.

III - AS REFORMAS POLÍTICAS CONTRA A LIBERDADE...

disposições do Código Eleitoral, buscando um regime de comunicação eleitoral mais democrático.[22] Essa também é a concepção da Constituição de 1988, que, no entanto, não estampou em seu texto o princípio da liberdade da propaganda, como consta na Constituição portuguesa (artigo 113º, 3º).[23] A regulação

---

[22] A Lei n. 7.508/86, que disciplinou a propaganda eleitoral nas eleições de 1986, permitia a propaganda paga na imprensa escrita apenas pela divulgação do currículo, do número e do partido do candidato e impunha a participação exclusiva de candidatos e representantes partidários no horário eleitoral gratuito.

[23] Constituição da República Portuguesa. Artigo 113º Princípios gerais de direito eleitoral. 1. O sufrágio directo, secreto e periódico constitui a regra geral de designação dos titulares dos órgãos electivos da soberania, das regiões autónomas e do poder local. 2. O recenseamento eleitoral é oficioso, obrigatório, permanente e único para todas as eleições por sufrágio directo e universal, sem prejuízo do disposto nos ns. 4 e 5 do artigo 15º e no n. 2 do artigo 121º. 3. As campanhas eleitorais regem-se pelos seguintes princípios: a) Liberdade de propaganda; b) Igualdade de oportunidades e de tratamento das diversas candidaturas; c) Imparcialidade das entidades públicas perante as candidaturas; d) Transparência e fiscalização das contas eleitorais. 4. Os cidadãos têm o dever de colaborar com a administração eleitoral, nas formas previstas na lei. 5. A conversão dos votos em mandatos far-se-á de harmonia com o princípio da representação proporcional. 6. No acto de dissolução de órgãos colegiais baseados no sufrágio directo tem de ser marcada a data das novas eleições, que se realizarão nos sessenta dias seguintes e pela lei eleitoral vigente ao tempo da dissolução, sob pena de inexistência jurídica daquele acto. 7. O julgamento da regularidade e da validade dos actos de processo eleitoral compete aos tribunais.

da propaganda somente se legitima para a promoção de valores constitucionais, pois trata-se de restrição ao direito fundamental à liberdade de expressão. Só são justificados obstáculos à comunicação política e eleitoral quando servirem para promover, efetivamente, a igualdade de oportunidades na competição eleitoral.

As eleições de 1989, já sob a Constituição de 1988, trouxeram um novo desafio para as regras de propaganda. A Lei n. 7.773/1989, que estabeleceu as regras sobre a eleição para a Presidência da República, determinou o período de 15 de setembro a 12 de novembro para a propaganda eleitoral gratuita no rádio e na televisão. A distribuição do tempo entre os candidatos era bastante desigual: os candidatos dos partidos sem representantes no Congresso Nacional tinham 30 segundos; cinco minutos eram garantidos aos candidatos dos partidos que tinham até 20 congressistas; 10 minutos eram reservados aos candidatos dos partidos que tinham entre 21 e 60 congressistas; de 13 minutos dispunham os candidatos dos partidos que tinham entre 61 e 120 congressistas; aos candidatos dos partidos que tinham entre 121 e 200 congressistas eram concedidos 16 minutos; e reservavam-se 22 minutos aos candidatos dos partidos com mais de 200 congressistas. Com essa regra, o postulante do partido do Presidente da República teve 22 minutos no horário eleitoral, quem concorreu pelo partido que antes era a ARENA teve 16 minutos, a maioria dos

III - AS REFORMAS POLÍTICAS CONTRA A LIBERDADE...

outros candidatos competitivos contou com dez minutos. Também eram previstos debates, com a garantia de participação de todos os concorrentes, sem menção à impossibilidade de edição (artigo 19).

Dois debates foram realizados no segundo turno, entre Fernando Collor de Mello e Luiz Inácio Lula da Silva, todos transmitidos ao vivo simultaneamente pelas quatro maiores emissoras da época (Globo, Bandeirantes, Manchete e SBT). No dia seguinte ao segundo debate, antevéspera da votação, a TV Globo apresentou edições do debate em seus dois principais telejornais e foi acusada de favorecer o candidato Collor, o que poderia ter influenciado no resultado das eleições em face da audiência do Jornal Nacional. Embora a emissora negue ter agido com parcialidade, o episódio é narrado entre seus "erros".[24]

Para a eleição geral seguinte, a Lei n. 8.713/1993 estabeleceu que a propaganda eleitoral era permitida depois de escolhido o candidato em convenção partidária e garantiu a liberdade para a veiculação de propaganda por meio de faixas, placas, cartazes, pinturas

---

[24] GLOBO. *Memória Globo*. Erros. Debate Collor x Lula. Disponível em http://memoriaglobo.globo.com/erros/debate-collor-x-lula.htm. Acesso em 2.02.2018. Além de narrar o episódio, a emissora disponibiliza o vídeo das entrevistas que realizou com os dez principais candidatos, a íntegra dos dois debates e as duas edições nos telejornais.

ou inscrições em bens particulares, desde que autorizada (artigo 60). Já havia a previsão de propaganda por outdoors, distribuídos igualitariamente entre os candidatos (artigo 62). As emissoras podiam organizar debates, desde que convidassem todos os candidatos que estavam na disputa. O horário eleitoral gratuito era de duas horas diárias por sessenta dias, dividido, na eleição para Presidente e para deputado, um terço por igual e dois terços pela representação do partido do candidato. Já nas eleições para governador, o horário era dividido metade por igual e metade pelo número de representantes (artigo 74). Nos programas do horário eleitoral gratuito não podia ser utilizada gravação externa, montagem ou trucagem. Também passou a ser regulamentada a doação de pessoas jurídicas para as campanhas eleitorais, depois da recomendação do relatório da investigação da Comissão Parlamentar Mista de Inquérito sobre a campanha de Fernando Collor, com limite relativo de 2% da receita operacional bruta (artigo 38).

As eleições municipais de 1996 foram reguladas pela Lei n. 9.100/1995. A propaganda em bens particulares e em outdoors continuou permitida e estava prevista a realização de comícios. O período de horário eleitoral gratuito ainda era de sessenta dias, mas o tempo diário passou para uma hora e meia no rádio e na televisão, com a previsão de que trinta minutos de propaganda na televisão seriam utilizados em inserções,

III - AS REFORMAS POLÍTICAS CONTRA A LIBERDADE...

ou seja, propagandas curtas espalhadas na programação das emissoras (artigo 56). A divisão do tempo entre os candidatos foi modificada: um quinto era repartido igualitariamente e quatro quintos do tempo considerando o número de representantes na Câmara de Deputados do partido ao qual pertence o candidato; mas se fossem apenas dois candidatos na disputa, todo o tempo seria dividido igualmente (artigo 57).

Em 1997 foi editada a Lei n. 9.507, apelidada de Lei das Eleições. A proposta era que não houvesse mais uma lei para cada ano eleitoral, e que a permanência da legislação permitisse um desenvolvimento contínuo da jurisprudência e da doutrina. Não foi isso que aconteceu. A chamada Lei das Eleições foi alterada em 1999 (Lei n. 9.840), em 2002 (Lei n. 10.408), em 2003 (Lei n. 10.740), em 2006 (Lei n. 11.300), em 2009 (Lei n. 12.034), em 2010 (Lei n. 12.350), em 2013 (Leis n. 12.875 e 12.891), em 2014 (Lei n. 12.976), em 2015 (Leis n. 13.107 e 13.165) e em 2017 (Leis n. 13.487 e 13.488). Não falta reforma na legislação eleitoral. No tocante à liberdade de expressão e à propaganda eleitoral, as mudanças foram no sentido de restringir a comunicação política, o debate público e a liberdade de propaganda.

Originalmente, a Lei previa que a campanha eleitoral começava no dia 5 de julho (artigo 36). Em 2015, a campanha perdeu 40 dias, pois passou a iniciar-se apenas em 15 de agosto do ano eleitoral. Uma campanha mais curta tende a diminuir a chance de renovação nos cargos públicos e favorece figuras já conhecidas pela população. O problema se agrava porque desde 2009 é permitida a pré-campanha – ou seja, a divulgação de eventuais candidatos e suas plataformas em entrevistas, debates e programas. É nítida a potencialidade de gerar uma situação desigual: apenas os que já são políticos ou as celebridades é que terão espaço para divulgar sua intenção de participar da eleição futura e, assim, levar ao eleitorado seu nome e suas ideias. Os demais terão que esperar o dia 15 de agosto e convencer o eleitorado, com uma série de proibições, em aproximadamente 50 dias, que são uma alternativa mais adequada. Em 2017, outra mudança foi realizada e passou-se a permitir, antes do período de campanha, a arrecadação prévia de recursos por financiamento coletivo – o que pode, talvez, viabilizar a divulgação antecipada de nomes e de suas propostas pelas redes sociais.

A propaganda na rua sofreu uma redução brutal ao longo das sucessivas reformas. Inicialmente era permitido o uso de placas, estandartes e faixas em postes, viadutos, passarelas e pontes. Em 2006 tudo isso foi proibido. Em 2013 passou-se a proibir também os cavaletes com propaganda e em 2015 foi a vez dos bonecos serem vedados. A propaganda eleitoral na rua é quase secreta – é possível apenas pela distribuição

III - AS REFORMAS POLÍTICAS CONTRA A LIBERDADE...

de impressos, instalação de mesas móveis e de bandeiras.[25] Deve-se ressaltar que desde 1999 é proibida a propaganda utilitária (distribuição de brindes com propaganda, como canetas, lixas, chaveiros, bonés e camisetas). O uso de outdoors e placas de publicidade, cujos espaços eram divididos igualitariamente entre os candidatos (e, portanto, reduzia o impacto da diferença de recursos financeiros), foi proibido em 2006.

Até mesmo a propaganda em bens privados foi sendo proibida, desafiando a autonomia privada e a liberdade de expressão. Na redação original da lei, era permitida a fixação de faixas, placas, cartazes, pinturas e inscrições. Em 2009, estabeleceu-se a dimensão máxima de quatro metros quadrados para a propaganda em bens particulares, ressaltando ainda que deveria ser espontânea e gratuita. A reforma de 2015 permitiu apenas a propaganda – em bens privados – em adesivo ou papel de no máximo meio metro quadrado. E em 2017, de maneira francamente contrária à Constituição, a lei eleitoral passou a trazer como regra a proibição de propaganda em bens

---

[25] Apesar do caráter fortemente restritivo da legislação, alguns juízes eleitorais acharam que ainda era possível reduzir mais as possibilidades de propaganda e proibiram bandeiras em determinadas ruas e impuseram regras para a colocação das mesas, quase exigindo que a campanha se desse por telepatia.

particulares, permitindo apenas adesivo plástico em automóveis, caminhões, bicicletas, motocicletas e janelas residenciais, desde que não exceda meio metro quadrado. Com isso, o cidadão não pode mais colocar um cartaz, feito por ele mesmo, na janela ou no jardim de sua casa, não pode pintar seu muro nem colocar uma faixa, manifestando sua preferência política. As alterações na legislação têm como fundamento declarado a redução do custo das campanhas, mas atingem as modalidades mais baratas de propaganda e – o que é pior – reduzem absurdamente a manifestação da opinião da cidadania.

A realização de comícios também foi sendo cada vez mais regulamentada. Permitidos das oito horas da manhã à meia-noite, na reforma de 2013 previu-se que o comício de encerramento de campanha pode se estender por mais duas horas. Desde 2006 o showmício é proibido, bem como a apresentação gratuita ou remunerada de artistas. O uso de trio elétrico na propaganda, com exceção da utilização nos comícios, é proibido desde 2009.

A propaganda na imprensa escrita era permitida até o dia da eleição, desde que com limites: "no espaço máximo, por edição, para cada candidato, partido ou coligação, de um oitavo de página de jornal padrão e um quarto de página de revista ou tabloide" (artigo 43). Em 2006, alterou-se essa regra e passou a ser

III - AS REFORMAS POLÍTICAS CONTRA A LIBERDADE...

permitida a propaganda apenas até a antevéspera das eleições. Nova mudança em 2009 estabeleceu um máximo de dez anúncios durante a campanha, por candidato e veículo, nos limites fixados anteriormente.

Os debates foram mantidos, mas cada vez menos plurais. Na redação original da lei, apenas os candidatos dos partidos com representação na Câmara de Deputados tinham participação garantida por lei (artigo 46). Em 2015, a garantia de participação era apenas para os partidos com mais de nove representantes na Câmara, em franco ataque aos partidos minoritários. Nova reforma melhorou a participação, mas sem voltar à norma inicial: a lei de 2017 assegura a participação dos candidatos dos partidos com pelo menos cinco representantes no Congresso (incluindo, portanto, os senadores).

Com a Lei das Eleições, o horário eleitoral gratuito passou a ser de 45 dias, distribuído um terço por igual entre os candidatos e dois terços proporcionalmente ao número de representantes na Câmara de Deputados (artigo 47). Com a redução do tempo de campanha, em 2015, o período de horário eleitoral gratuito diminuiu para 35 dias e com menos tempo por dia. Além da questão da diminuição do tempo de exposição e, por consequência, do espaço de divulgação de novos nomes e propostas, a divisão do tempo foi se tornando mais desigual. A parcela de um terço do horário eleitoral gratuito repartida igualitariamente foi dividida: pela lei de 2013, um terço (do terço) era dividido por igual entre os candidatos; os outros dois terços eram divididos proporcionalmente ao número de representantes eleitos para a Câmara de Deputados – ou seja, apenas um nono do tempo destinado ao horário eleitoral gratuito era destinado à distribuição igualitária. Em 2015 o acesso ficou ainda mais desigual: 10% do tempo para todos os partidos, em partes iguais; 90% na proporção do número de representantes na Câmara dos Deputados.

A Lei n. 9.504/1997 não previa a propaganda eleitoral na internet. Vários artigos foram agregados durante as reformas, os quais, mais uma vez, acabam por restringir a liberdade de expressão. A propaganda na internet é permitida no mesmo período das demais: apenas após o dia 15 de agosto do ano da eleição (com a alteração de 2015) e são proibidas a propaganda paga e qualquer tipo de propaganda em sites de pessoas jurídicas e de órgãos públicos. Em 2009, buscou-se restringir a propaganda a site do candidato e do partido, informados à Justiça Eleitoral, e por meio de mensagens eletrônicas, blogs, redes sociais e mensagens instantâneas. A reforma de 2017 previu que o conteúdo dos blogs e redes sociais deve ser gerado ou editado por candidatos, partidos ou coligações, com possibilidade de impulsionamento de conteúdo, ou

III - AS REFORMAS POLÍTICAS CONTRA A LIBERDADE...

por qualquer pessoa natural. Essa reforma reflete a preocupação com as notícias falsas, os ativistas digitais e os robôs, criminalizando tais condutas. A Lei n. 13.488/2017 previa ainda a suspensão de conteúdo na internet pelos provedores em caso de denúncia de usuário por discurso de ódio, disseminação de informações falsas ou ofensa em desfavor de partido ou candidato, mas o dispositivo foi vetado, após intensas manifestações sobre a ofensa à liberdade de expressão.

Há, ainda, alguns crimes relacionados com a propaganda eleitoral. O Código Eleitoral criminaliza as condutas de divulgação de fato que se sabe inverídico, de imputação falsa de crime, de difamação, de injúria, de inutilizar e de impedir propaganda, de fazer propaganda por organização de vendas, distribuição de mercadorias, prêmios e sorteios, de propaganda em língua estrangeira e de participação de estrangeiro ou brasileiro com os direitos políticos suspensos na propaganda. Essas previsões, em vigor desde 1965, explicam-se em face do momento de elaboração do Código, em pleno regime militar.

Mais difícil é justificar os crimes previstos na Lei das Eleições: realização de propaganda no dia da eleições (pelo uso de alto-falantes, comício ou carreata; pela arregimentação de eleitor; por boca de urna; pela promoção de partidos ou candidatos) e, norma trazida pela reforma de 2017, "a publicação de novos conteúdos ou o impulsionamento de conteúdos nas aplicações de internet de que trata o art. 57-B desta Lei [sites dos candidatos e partidos, mensagem eletrônicas, blogs, redes sociais, sítios de mensagens instantâneas e aplicações de internet assemelhadas], podendo ser mantidos em funcionamento as aplicações e os conteúdos publicados anteriormente". Aparentemente, a proibição vale também para o cidadão, que não poderá publicar nada no dia da eleição. Nesse dia, a Lei permite a manifestação individual e silenciosa da preferência do eleitor por partido político, coligação ou candidato, revelada exclusivamente pelo uso de bandeiras, broches, dísticos e adesivos, desde que não haja aglomeração de pessoas com vestuário padronizado (artigo 39-A pela reforma de 2009).

Pelo desenho atual da regulamentação da propaganda o eleitorado terá maiores dificuldades em saber quais são os candidatos que estão concorrendo e lhe será necessário bastante esforço para conhecer suas propostas. Possivelmente acabará escolhendo os já conhecidos, impedindo a renovação e obstando os canais de alternância política. Além disso, a legislação atual não lhe permite manifestar sua preferência eleitoral de maneira enfática – pode, no máximo, colocar um adesivo de até meio metro em sua própria casa e discutir nas redes sociais, mas sem impulsionar conteúdo e nem publicar nada no dia da eleição. Tampouco pode ir votar com a camisa do seu partido

III - AS REFORMAS POLÍTICAS CONTRA A LIBERDADE...

ou do seu candidato. As reformas eleitorais sucessivas, sob o pretexto de baratear as campanhas eleitorais, vêm invisibilizando candidatos e calando eleitores. É preciso recuperar o valor da esfera pública de discussão, da liberdade de expressão política e da dimensão da propaganda como direito dos partidos, dos candidatos e também dos eleitores.

IV

as reformas políticas e o desprezo às minorias

A liberdade de expressão vem sendo achincalhada pelas sucessivas reformas da legislação eleitoral e essa ofensiva atinge a todos, embora surta seus efeitos com maior intensidade sobre as minorias.[26] Em um Estado Democrático de Direito, que tem como valor fundamental o pluralismo político (e

---

[26] As minorias aqui referidas não são necessariamente minorias numéricas. O conceito se relaciona com o acesso ao poder, com possibilidade de participar da tomada de decisão. Muitas vezes as minorias de poder são maiorias caladas, ignoradas, relegadas.

também o pluripartidarismo), é preciso que se dê lugar e voz às minorias, que se reserve canais institucionais para as oposições. É necessário mais do que proteger os direitos dos grupos historicamente subalternizados: as decisões políticas que os atingem devem ser tomadas com a sua participação, com o seu consentimento ativo.

Na construção e alteração do ordenamento jurídico – ou seja, nos parlamentos – essa participação é possível por meio da adoção de um sistema eleitoral que proporcione um espaço institucionalizado às opiniões minoritárias. Tomando as casas legislativas como o principal lugar de tomada de decisões políticas que se transformam em regras jurídicas, a escolha do princípio fundamental do sistema eleitoral é determinante para promover ou afastar a incorporação de pensamentos contra-hegemônicos.

Nas constantes e sucessivas alterações das regras eleitorais, o sistema eleitoral está sempre em debate. Afirma-se que os problemas da democracia e da representação se devem ao sistema e que, portanto, alterar a fórmula que traduz a vontade popular em representação política vai resolver a questão da baixa qualidade e eficiência dos parlamentos e da sensação do cidadão de não estar sendo representado. Alguns argumentos chegam a apresentar a adoção de sistemas de outros países para melhorar a governabilidade, colocando-a como principal objetivo do desenho

IV - AS REFORMAS POLÍTICAS E O DESPREZO...

democrático e ignorando que não é apenas a regra de transformação de votos em cadeiras parlamentares que determina a qualidade democrática.

Os sistemas eleitorais são tão variados como os Estados que os adotam. Não há fórmulas prontas, acabadas, capazes de servir em contextos sociais, culturais e políticos diversos. O sistema eleitoral se relaciona com o sistema partidário e ambos dependem da estruturação normativa e concreta dos partidos políticos e dos grupos sociais e da construção da vontade eleitoral da cidadania – o princípio do sistema não determina o que o eleitor levará em consideração para escolher seu partido ou candidato.

O principal elemento do sistema eleitoral é o princípio que o informa, que pode ser majoritário ou proporcional.[27] A adoção do princípio é uma das principais decisões relacionadas ao sistema político e é determinada pelo poder constituinte. Nos sistemas informados pelo princípio majoritário, a maioria determina a composição do parlamento de maneira mais enfática; são eleitos os candidatos mais votados, com o sacrifício (consciente) da participação das minorias. Sistemas assim conformados favorecem o

---

[27] Para uma visão do sistema brasileiro, mexicano, peruano, argentino e espanhol, ver: SALGADO, Eneida Desiree (coord). *Sistemas eleitorais*: experiências iberoamericanas e características do modelo brasileiro. Belo Horizonte: Fórum, 2012.

bipartidarismo, pois não há espaço efetivo para funcionamento institucionalizado das oposições e poucos partidos têm chance de obter mandatos. Desta maneira, não há representação das minorias no Poder Legislativo, o que, apesar de aumentar a eficiência do partido majoritário, diminui a representatividade das visões alternativas de mundo, ou por vezes até a exclui.

O princípio majoritário é o núcleo dos sistemas distritais, sempre apresentados como uma solução para a democracia brasileira. A divisão da circunscrição eleitoral em distritos, para que cada um eleja um ou mais deputados, traz uma série de desafios. O mais evidente é como se dará essa divisão, quem irá fazê-la e como evitar que ela se realize de maneira tendenciosa. A fraude no desenho dos distritos pode vir a determinar o resultado das eleições, pois a maneira como se reparte o eleitorado define as maiorias e minorias eleitorais em cada parcela territorial.[28] Também há a

---

[28] A Suprema Corte dos Estados Unidos tem frequentemente invalidado a divisão territorial realizada pelos governadores, por considerar que o desenho favorece determinado partido ou isola minorias, principalmente raciais. Assim fez com a Flórida e o Texas. Os Estados Unidos sempre adotaram o princípio majoritário em âmbito federal, o que levou a um sistema bipartidário quase imune a outras agremiações políticas. Há um movimento pela adoção do sistema proporcional, afirmando que se trata do sistema mais justo (www.fairvote.org). Há vários exemplos de *gerrymandering* (divisão tendenciosa de distritos) e de

IV - AS REFORMAS POLÍTICAS E O DESPREZO...

questão de compor o parlamento com representantes de regiões, que não precisam necessariamente compartilhar uma visão global do Estado ou do país. E se a redução no território pode aproximar o eleitorado do representante (para essa vantagem ser efetiva no caso brasileiro seria necessário ao menos duplicar o número de deputados estaduais e federais), a compra de votos, o personalismo e o patrimonialismo são favorecidos.

O sistema majoritário pode ser de pluralidade relativa ou de maioria absoluta (que exige um segundo turno de votação para que um candidato alcance mais da metade dos votos). Ainda, os distritos podem ser uninominais ou plurinominais, a depender de quantos representantes são eleitos em cada parcela territorial. Quanto maior for o distrito, menos representativo será o parlamento. O "distritão" – eleição dos mais votados em cada estado sem divisão territorial – é o modelo que mais despreza e prejudica as minorias. Em contrapartida (e sem enfrentar a questão do custo da campanha, por certo), a eleição proporcional em circunscrição única seria a ideal para garantir uma representação adequada.[29] A proposta do sistema misto,

---

explicações esquemáticas de "como roubar uma eleição" (http:// www.fairvote.org/new_poll_everybody_hates_gerrymandering).

[29] Essa é a proposta de Assis Brasil (ASSIS BRASIL, J-F. de. *Democracia representativa*: do voto e do modo de votar. Paris: Guillard, 1895, pp. 212/213).

com alguns parlamentares eleitos em distritos e outros pelo sistema proporcional, cria duas classes de deputados e reúne as desvantagens de ambos os modelos.

O Brasil adotou o princípio majoritário durante o Segundo Reinado e na Primeira República, sem bons resultados e em algumas ocasiões com câmaras formadas apenas por um partido. Vários desenhos foram experimentados no Império, sempre com o argumento de promover a representação das minorias, como a Lei dos Círculos e a Lei do Terço.[30] A Constituição de 1891 já previa a garantia da representação da minoria na composição da Câmara dos Deputados (artigo 28). Para temperar o princípio majoritário, a primeira lei eleitoral republicana, de 1892, dividia os estados em distritos para eleição de três deputados, cada eleitor podendo votar em dois nomes. Lei de 1904, conhecida como Lei Rosa e Silva, estabeleceu distritos de cinco deputados, com a possibilidade de voto cumulativo. O princípio majoritário, com todo o desvio na tradução da vontade eleitoral em cadeiras parlamentares,[31] foi abandonado com a chamada Revolução de 1930.

---

[30] Como descreve Manoel Rodrigues Ferreira (FERREIRA, Manoel Rodrigues. *A evolução do sistema eleitoral brasileiro*. Brasília: Senado Federal, 2001).

[31] Essa distorção é facilmente demonstrada. No Reino Unido em 1978, com eleição pelo sistema de maioria simples, o Partido

IV - AS REFORMAS POLÍTICAS E O DESPREZO...

O princípio proporcional parte de outras premissas. Não se busca garantir a governabilidade, mas proporcionar uma composição das casas parlamentares que reflita a composição da sociedade. O parlamento deve espelhar as diferentes ideologias e visões de mundo, para que todos tenham voz na construção do ordenamento jurídico. Para que isso seja possível, o desenho do sistema eleitoral leva em consideração os votos dados ao partido e os atribuídos a outros candidatos sob a mesma legenda para determinar os eleitos, para então, verificando o apoio que cada partido tem na sociedade, distribuir as cadeiras na casa legislativa. Obviamente, a premissa é que os partidos tenham uma ideologia e um programa coerente, cumprido por seus integrantes e representantes políticos e conhecido pelo eleitorado, que forma a sua decisão eleitoral a partir disso.

Desde 1932, pelo Código Eleitoral, a opção brasileira foi a representação proporcional. Neste

---

Nacional (39,8% dos votos) obteve 51 das 92 cadeiras, e o Partido do Crédito Social, que teve 17,1% dos votos, conquistou apenas uma cadeira (LIJPHART, Arend. *Modelos de democracia*. Rio de Janeiro: Civilização Brasileira, 2003, pp. 39 e 45/46). Nas eleições presidenciais estadunidenses de 2000 o Partido Republicano, com 47,82% dos votos ficou com 50,37% dos delegados no Colégio Eleitoral, enquanto que o Partido Democrata, que contou com o apoio de 48,38% dos votantes, foi derrotado com 49,44% de delegados.

primeiro momento, havia uma combinação do cálculo do impacto de cada força política com a distribuição das cadeiras que sobravam para os candidatos mais votados. A Constituição de 1934 trouxe a opção pelo sistema proporcional nos artigos 23 e 181, impondo sua adoção nas eleições para a Câmara dos Deputados, Assembleias Legislativas e Câmaras Municipais. Depois do Estado Novo, a Lei Agamenon de 1945 manteve o sistema proporcional, mas com as sobras distribuídas ao partido mais votado. A representação proporcional foi prevista nos artigos 56 e 134 da Constituição de 1946 e o Código Eleitoral de 1950 aperfeiçoou o sistema, com a distribuição das sobras pelas maiores médias entre os partidos que alcançavam o quociente eleitoral (que é o número de votos válidos dividido pelo número de vagas em disputa na casa parlamentar). O Código Eleitoral de 1965 manteve essa fórmula.

A Constituição de 1967 trouxe em seu artigo 142 a garantia de representação proporcional dos partidos políticos ao tratar do direito de voto. O sistema proporcional, controlado por reformas que diminuíam as chances da oposição, como a exigência de voto vinculado (em que a validade do voto estava condicionada à escolha do mesmo partido para todos os cargos em disputa), foi mantido durante a ditadura militar. Mais uma vez, em 1988, a Constituição estabeleceu o princípio proporcional como fundamento do sistema eleitoral.

IV - AS REFORMAS POLÍTICAS E O DESPREZO...

Uma sociedade heterogênea, organizada em um Estado democrático e pluralista, deve incluir as variadas formas de conceber a política e a organização social na discussão política.[32] O sistema proporcional é uma exigência de justiça[33] e de igualdade: na máxima medida possível, cada voto deve ser representado. E assim o Brasil tem organizado suas eleições, desde 1932. A Lei n. 9.504/97, Lei das Eleições, mantém o sistema proporcional e acentua a participação das minorias ao retirar do cálculo do quociente eleitoral os votos em branco, reduzindo o número de votos necessários para que um partido tenha representação no parlamento. Uma reforma positiva ocorreu em 2017, com a alteração do parágrafo 2º do artigo 109 permitindo que todos os partidos concorram à distribuição das sobras e não apenas os que alcancem o quociente eleitoral.

---

[32] Francisco Belisário Soares de Souza aponta a necessidade de participação das minorias nas deliberações do Parlamento, afirmando ser "da índole do sistema parlamentar que todas as opiniões venham apresentar suas armas na arena, da qual saem as leis e o governo da sociedade" (SOUZA, Francisco Belisário Soares de. *O sistema eleitoral no Império*. Brasília: Senado Federal, 1979 [1872], p. 143).

[33] BURDEAU, Georges. *Derecho constitucional e instituciones políticas*. Tradução de Ramón Falcón Tello. Madrid: Editora Nacional, 1981 [1977], pp. 189/190. No mesmo sentido, KELSEN, Hans. *A democracia*. Tradução de Ivone Castilho Benedetti *et al*. São Paulo: Martins Fontes, 2000 [1955], p. 71.

ENEIDA DESIREE SALGADO

A demanda pela alteração do sistema eleitoral, no entanto, não cessa. Há diversas propostas de emenda à Constituição buscando a adoção do sistema distrital ou do distrital misto. Há até projetos de lei (um, de autoria de José Serra, foi aprovado pelo Senado) determinando a adoção do sistema distrital misto, sem considerar que a escolha do princípio que informa o sistema eleitoral é matéria constitucional[34] e não está ao alcance da legislação ordinária.

Para além da incorporação das diversas correntes partidárias, coloca-se a questão da participação de grupos sociais excluídos da política e da direção dos partidos. Uma demanda se refere à participação das mulheres, pois o Brasil está em 151º lugar entre 193 países em grau de representatividade feminina nos parlamentos.[35] A primeira legislação que, alegadamente, buscou solução para o problema foi a Lei n. 9.100/1995, que estabeleceu que, na lista partidária apresentada para o registro de candidatura, ao menos 20% das vagas

---

[34] Como reflexo do princípio da necessária participação das minorias das instituições públicas e no debate público, o sistema proporcional seria imune, inclusive, às emendas constitucionais e só poderia ser afastado por uma nova Constituição (SALGADO, Eneida Desiree. *Princípios constitucionais eleitorais*. Belo Horizonte: Fórum, 2015, principalmente o capítulo 3).

[35] Dados do Inter-Parliamentary Union de 1º de dezembro de 2017. Disponível em http://archive.ipu.org/wmn-e/classif.htm. Acesso em 4 de fevereiro de 2018.

IV - AS REFORMAS POLÍTICAS E O DESPREZO...

teriam que ser preenchidas por mulheres. Nas eleições de 1994, os partidos podiam apresentar candidatos até o número de vagas em disputa (artigo 10 da Lei n. 8.713/1993); nas eleições de 1996, os partidos podiam apresentar candidatos entre 120% e 200% do número de vagas e as vagas das mulheres não foram necessariamente preenchidas. A Lei n. 9.504/97 previa inicialmente a reserva de 30% das vagas para cada sexo, sendo que podem ser registrados até 50% a mais de candidatos do que o número de vagas. Reforma de 2009 impõe que a cada sexo devem corresponder no mínimo 30% das vagas, mas mantém os 50% extras, o que tem feito que mulheres sem reais chances na eleição sejam inscritas ou, ainda, que as candidatas sequer tenham atos de campanha, sem recebimento de recursos e sem acesso ao horário eleitoral gratuito.[36]

Sobre a baixa representatividade do parlamento, formado em sua imensa maioria por homens brancos,

---

[36] Sobre as cotas de gênero, ver SANTOS, Polianna Pereira dos. "O sistema proporcional brasileiro e a presença das mulheres no legislativo: uma análise a partir do resultado das eleições municipais de 2016"; FREITAS, Juliana Rodrigues; COÊLHO, Lorraine Ferreira. "Eleições municipais 2016 e a frustração diante da inoperância do sistema de cotas"; e ainda BUENO, Emma Roberta Palu; COSTA, Tailaine Cristina. "Meu pé de cota laranja: a Justiça Eleitoral e o seu papel na garantia da efetivação da participação da mulher na política". Todos os artigos compõem o livro *Mulheres por mulheres*: memórias do I Encontro de Pesquisa por/de/sobre Mulheres, publicado pela Editora Fi em 2018.

ENEIDA DESIREE SALGADO

heterossexuais e proprietários, caberia ainda discutir o gênero para além da divisão binária, as questões de raça e, para alguns, uma reserva etária. A democratização da representação política é uma reforma indispensável no cenário político, mas não conta com muitos defensores. Ironicamente um dos argumentos apresentados contra as cotas é a igualdade.

Outro problema para as minorias, mesmo dentro do sistema proporcional, é a falta de democracia interna nos partidos políticos, que acaba centralizando as principais decisões nos dirigentes, inclusive a escolha dos candidatos. Georg Jellinek aponta a parcial incapacidade do sistema eleitoral de refletir todas as correntes de interesses por conta da centralização da eleição nos partidos políticos, que não conseguem absorver todas as tendências do povo.[37] O princípio democrático deve ser plenamente aplicado aos partidos políticos, como exigência de autenticidade, e em face do papel dos partidos na esfera pública. Protagonista da democracia representativa, os partidos não podem funcionar como clubes ou associações absolutamente independentes. Se a Constituição lhes garante autonomia, não lhes permite atuar sem respeitar os direitos fundamentais dos filiados nem os preceitos de

---

[37] JELLINEK, Georg. *Reforma y mutación de la Constitución*. Tradução de Christian Förster. Madrid: Centro de Estudios Constitucionales, 1991 [1906], p. 74.

IV - AS REFORMAS POLÍTICAS E O DESPREZO...

alternância no poder, de transparência, de controle e de responsividade (ou seja, de dar respostas aos seus integrantes e à sociedade). O ideal seria que os estatutos fossem observados pelos dirigentes e não houvesse necessidade de uma lei impondo regras de democracia interna. Mas como depois de décadas de monopólio partidário na apresentação de candidaturas isso ainda não se tornou a prática dos partidos, talvez fosse o momento de elaborar uma legislação neste sentido.

Sem democracia interna, a defesa das listas fechadas e bloqueadas – ou seja, da definição pelos partidos da ordem dos candidatos que ocuparão as vagas obtidas, sem a possibilidade de o eleitorado votar em pessoas, mas apenas nos partidos – parece fora de lugar. Embora uma lista preordenada pudesse facilitar a incorporação de minorias, com a inclusão de mulheres, negros e jovens em posições que permitissem sua eleição, enquanto não houver uma seleção de candidatos aberta e democrática,[38] o fechamento das listas apenas fortaleceria os dirigentes.

---

[38] A Argentina adota um sistema proporcional com listas fechadas. Sua Lei dos Partidos Políticos prevê primárias abertas simultâneas e obrigatórias, com a apresentação de alternativas ao eleitorado que vota para a composição da lista que concorrerá às eleições. Em 2011, no entanto, as primárias se deram com listas únicas, já definidas pelos dirigentes partidários, frustrando a exigência de democracia interna. Sobre o tema, ver SALGADO, Eneida Desiree; PÉREZ HUALDE, Alejandro. "A democracia interna

Como resposta ao comportamento refratário dos partidos políticos às exigências democráticas, surgem propostas de permissão de candidaturas avulsas, independentes dos partidos políticos. A classe política rechaçou essa ideia inclusive durante a discussão da emenda constitucional que convocou a Assembleia Nacional Constituinte, apesar do apoio de diversos intelectuais.[39] A Constituição de 1988 optou pelo monopólio partidário, como fica claro ao estabelecer a filiação partidária como condição de elegibilidade (artigo 16, §3º, V), sem margem para interpretações criativas pela jurisdição constitucional. A Lei das

---

dos partidos políticos como premissa da autenticidade democrática".
A&C – Revista de Direito Administrativo & Constitucional, Belo Horizonte, ano 15, n. 60, pp. 63-83, abr./jun. 2015.

[39] GRAU, Eros Roberto. *A Constituinte e a Constituição que teremos*. São Paulo: Editora Revista dos Tribunais, 1985, p. 27; ARNS. "Contribuição da Igreja". *In*: SADER, Emir (coord.). *Constituinte e Democracia no Brasil Hoje*. 2ª ed. São Paulo: Editora Brasiliense, 1985, p. 70; MARINI, Ruy Mauro. "Possibilidades e limites da Assembleia Constituinte". *In*: SADER, Emir (coord.). *Constituinte e Democracia no Brasil Hoje*. 2ª ed. São Paulo: Editora Brasiliense, 1985. p. 22. BASTOS, Márcio Thomaz. "Constituinte: quando, como, por quem e para quê". *In*: SADER, Emir (coord.). *Constituinte e Democracia no Brasil Hoje*. 2ª ed. São Paulo: Editora Brasiliense, 1985, p. 150. CAMPOS, Benedicto de. *A Questão da Constituinte*: uma análise marxista. São Paulo: Editora Alfa-Ômega, 1985. p. 68. BONAVIDES, Paulo; BASTOS, Celso; MARTINS, Ives Gandra da Silva. "A Crise Institucional e a Assembléia Nacional Constituinte". *Revista do Advogado*, n. 14, ano IV, pp. 59-74, jul/set 1983.

IV - AS REFORMAS POLÍTICAS E O DESPREZO...

Eleições exige a escolha pelo partido em convenção para o registro de candidatura (artigos 8 e 11, §1º, I). Uma reforma constitucional possível, e talvez até desejável ao menos nos pequenos municípios, poderia permitir a participação de candidatos independentes dos partidos políticos.

A adoção de uma cláusula de barreira, ou cláusula de desempenho, é outra maneira de diminuir a participação das minorias – aqui novamente tratando das minorias refletidas nos partidos políticos – ao dificultar o funcionamento e a atuação de agremiações menores. Apontada como solução para restringir o multipartidarismo brasileiro, a exigência de um desempenho mínimo reduz o espectro de competição política e tende a formar um sistema oligárquico.[40] O sistema brasileiro já se utilizou da cláusula de barreira para obstar a existência de oposições. Mesmo depois da Constituição de 1988, o artifício foi previsto: estava no artigo 13 da Lei dos Partidos Políticos, com reflexos relevantes na distribuição dos recursos públicos e do

---

[40] Na opinião de Domingo García Belaunde e José F. Palomino Manchego, a barreira eleitoral "faz desaparecer a oposição política, e também o debate parlamentar de todas as forças políticas democráticas", ainda que possa ser positiva se obedecidos limites (GARCÍA BELAUNDE, Domingo; PALOMINO MANCHEGO, José F. "Barrera electoral". *DICCIONARIO electoral*. San José: Instituto Interamericano de Derechos Humanos, 2000, pp. 97-101, p. 98 e 100/101).

tempo de propaganda partidária no rádio e na televisão. O Supremo Tribunal Federal a considerou inconstitucional em dezembro de 2006. Desafiando a Constituição, em 2017 foi aprovada a Emenda Constitucional n. 97 que, alterando o artigo 17, reserva os recursos públicos e a propaganda partidária aos partidos "que alternativamente: I – obtiverem, nas eleições para a Câmara dos Deputados, no mínimo, 3% (três por cento) dos votos válidos, distribuídos em pelo menos um terço das unidades da Federação, com um mínimo de 2% (dois por cento) dos votos válidos em cada uma delas; ou II – tiverem elegido pelo menos quinze Deputados Federais distribuídos em pelo menos um terço das unidades da Federação". Ou seja, os partidos políticos com menos representantes não terão acesso às garantias constitucionais, levando a um potencial congelamento do espectro partidário.

Deve se chamar a atenção, ainda, para a distribuição dessas garantias. A propaganda partidária continua prevista na Constituição, mas foi afastada pela reforma legislativa de 2017. Anteriormente, todos os partidos tinham, ainda que por tempo reduzido, a oportunidade de divulgar seu programa e suas ideias no rádio e na televisão (ainda que muitos, ao arrepio da lei, utilizassem a propaganda partidária para a promoção individual de um líder político). Originalmente reservando dois minutos por semestre não eleitoral para os partidos que não atingiam a cláusula

IV - AS REFORMAS POLÍTICAS E O DESPREZO...

de barreira e duas horas para aqueles que a atingiam, com a declaração de inconstitucionalidade a repartição do tempo dava-se com base em resolução do Tribunal Superior Eleitoral.[41] O artigo 49 da Lei dos Partidos foi posteriormente alterado pela Lei n. 13.165/2015, com a garantia de acesso aos partidos com ao menos um representante e atribuindo o tempo dos programas estaduais segundo a representação na Assembleia Legislativa. Com a Lei n. 13.487/2017 a propaganda partidária desapareceu da legislação.

Originalmente, a Lei dos Partidos Políticos (Lei n. 9.096/1995) previa que, na distribuição do fundo partidário (recursos públicos destinados aos partidos), um por cento fosse dividido por igual e 99% para os partidos que tivessem superado a cláusula de barreira, na medida da representação. Declarada inconstitucional a exigência de desempenho, perdeu validade esse dispositivo. Depois do estabelecimento da divisão do fundo pelo Tribunal Superior Eleitoral, que determinou que 42% fosse distribuído por igual,[42]

---

[41] A Resolução n. 22.503/2006 do Tribunal Superior Eleitoral determinou o tempo de 5 minutos, 10 minutos ou 50 minutos por semestre por partido, a depender de sua representatividade e do número de votos obtidos.

[42] A Resolução n. 22.506/2007 do Tribunal Superior Eleitoral estabeleceu a divisão do fundo partidário em três partes: 29% para todos os partidos de acordo com a sua representação; 29% para os partidos que tenham eleito pelo menos dois representantes em

a Lei n. 12.875/2013 determinou que 5% fosse distribuído por igual e 95% na medida da representação. Em 2015 nova alteração reservou os 5% distribuídos igualitariamente apenas aos "partidos que atendam aos requisitos constitucionais de acesso aos recursos do Fundo Partidário" (artigo 41A).

Com a proibição de doações de pessoas jurídicas para as campanhas e a criação do Fundo Especial de Financiamento de Campanha pela Lei n. 13.487/2017, mais dinheiro público será destinado aos partidos, distribuído de maneira bastante desigual. Pelo artigo 16D da Lei das Eleições, para o primeiro turno os recursos serão distribuídos: 2% (dois por cento), divididos igualitariamente entre todos os partidos com estatutos registrados no Tribunal Superior Eleitoral; 35% (trinta e cinco por cento), divididos entre os partidos que tenham pelo menos um representante na Câmara dos Deputados, na proporção do percentual de votos por eles obtidos na última eleição geral para a Câmara dos Deputados; 48% (quarenta e oito por cento), divididos entre os partidos, na proporção do número de representantes na Câmara dos Deputados, consideradas as legendas

---

pelo menos cinco estados com ao menos um por cento dos votos do país na proporção de sua votação e 42% divididos por igual para todos os partidos. Em um mês e uma semana o Congresso aprovou e o Presidente da República sancionou uma lei com os novos critérios de distribuição.

IV - AS REFORMAS POLÍTICAS E O DESPREZO...

dos titulares; e 15% (quinze por cento), divididos entre os partidos, na proporção do número de representantes no Senado Federal, consideradas as legendas dos titulares. Ou seja, mais desigualdade promovida pelo Estado.

Esse ataque crescente aos partidos políticos e às minorias ofende o direito de oposição, bloqueia os canais de alternância política e impede a institucionalização de ideologias minoritárias. As sucessivas reformas têm ameaçado os partidos menores de extinção política e institucional, atacando de maneira direta o pluralismo político que é fundamento constitucional.

V

quem reforma, o que reforma e para que reforma?

A eterna demanda por alterações no sistema político nunca se satisfez e nem nunca se satisfará. Embora o discurso das propostas seja por mais igualdade, mais democracia e mais representatividade, o sentido das alterações na Constituição e na legislação eleitoral e partidária demonstra que o que se busca é blindar os espaços nos parlamentos e no Poder Executivo da alternância de poder e da democratização. Enquanto parcelas da cidadania demandam uma política mais transparente e responsiva, os que reformam o sistema e os que efetivamente propõem alterações querem um cenário com menos atores, com menos partidos capazes de provocar o controle abstrato de constitucionalidade, e com menos representantes das minorias participando das comissões e das discussões em plenário.

Algumas propostas derrotadas no processo constituinte, como o voto distrital, voltam para tentar concentrar ainda mais o poder nos grandes partidos. O Partido da Social Democracia Brasileira tem proposto de maneira bastante enfática a alteração do sistema eleitoral, em defesa do sistema distrital misto. O interessante é que uma das críticas ao atual sistema é a dificuldade de compreensão pelo eleitor[43] – apesar de o sistema funcionar da mesma forma (com exceção do valor dos votos em branco) desde 1955 –, mas os defensores do distrital misto não consideram a complexa existência de dois votos no sistema proposto, sendo que um deles mantém a lógica atual.

Durante seus governos, o Partido dos Trabalhadores impulsionou a discussão sobre a cláusula de barreira, argumentando que a redução do multipartidarismo facilitaria as negociações para o cumprimento do programa de governo vitorioso nas urnas. Ainda depois da destituição da Presidenta Dilma

---

[43] Sobre esse argumento, leia-se: GRESTA, Roberta Maia. "O Distritão e a reforma política à luz de velas". *Justificando*. 11 de agosto de 2017. Disponível em http://justificando.cartacapital.com.br/2017/08/11/o-distritao-e-reforma-politica-luz-de-velas/. Acesso em 04.02.2018.

V - QUEM REFORMA, O QUE REFORMA...

Rousseff, a exigência de um desempenho mínimo (junto com a proibição das coligações) aparece como demanda do partido, em busca de uma maior racionalização do sistema.

Interessante ressaltar que os partidos que venceram seis eleições presidenciais pretendem mudar o sistema, reduzindo a competição eleitoral e a representação das minorias. Não são muito diferentes as propostas do Partido do Movimento Democrático Brasileiro: proibição de coligações proporcionais, adoção de uma cláusula de barreira e acentuação do financiamento público de campanhas. Não há discussão sobre alteração na forma de distribuição dos recursos pelos partidos que recebem os maiores valores.[44]

Ainda vale ressaltar como o Senado Federal interpretou as respostas dos internautas à enquete em março de 2011. A manchete da notícia informa que "Brasileiro apoia reforma política e quer voto distrital e facultativo, diz pesquisa", e foi deduzida da seguinte forma: "O apoio ao voto distrital na eleição dos deputados emerge do cruzamento entre duas questões propostas na pesquisa. De um lado, a preferência dos

---

[44] Dados do Tribunal Superior Eleitoral indicam que o Partido dos Trabalhadores recebeu 13,38% do total da parcela do Fundo Partidário relativa a janeiro de 2018. O Partido da Social Democracia Brasileira ficou com 11,30% e o Partido do Movimento Democrático Brasileiro com 10,98%.

entrevistados (55%) pelo sistema majoritário, que hoje define as escolhas dos ocupantes de cargos executivos (prefeitos, governadores e presidente da República) e dos senadores. De outro, a opção pela eleição dos candidatos mais votados em cada pequena região do estado (64%). Apenas 35% defendem a eleição dos aspirantes que tenham mais votos no estado inteiro".[45] Como reflete a própria notícia do Senado, os 797 entrevistados não se manifestaram sobre o sistema distrital, sobre a participação das minorias e sobre o desenho dos distritos.

O foco da (inesgotável) reforma política não está de acordo com os princípios constitucionais. As propostas de reforma aprovadas e em discussão, em sua maioria, pretendem fortalecer os grandes partidos – ou, de maneira mais precisa, os dirigentes partidários – e facilitar a atuação do partido vencedor da disputa pela chefia do Poder Executivo. Não se trata, efetivamente, de democratizar a desgastada democracia brasileira.

Temas que efetivamente demandam alteração, como a garantia de representatividade das minorias

---

[45] Publicado em 31 de março de 2011. Disponível em https://www12.senado.leg.br/institucional/datasenado/materias/pesquisas/brasileiro-apoia-reforma-politica-e-quer-voto-distrital-e-facultativo-diz-pesquisa. Pesquisa completa disponível em https://www12.senado.leg.br/institucional/datasenado/arquivos/brasileiro-apoia-reforma-politica-e-quer-voto-distrital-e-facultativo--diz-pesquisa. Acesso em 04.02.2018.

V - QUEM REFORMA, O QUE REFORMA...

nos parlamentos e a exigência de democracia interna nos partidos políticos, não surgem com força no debate parlamentar. Pretende-se modificar apenas o que for necessário para manter as mesmas forças políticas no poder. As contínuas reformas políticas atuam contra os direitos fundamentais, contra a liberdade de expressão e contra a participação das minorias. Com tais propostas e ameaças, o melhor é resistir às reformas.

A Editora Contracorrente se preocupa com todos
os detalhes de suas obras! Aos curiosos, informamos
que esse livro foi impresso em Novembro de 2018,
em papel Polén soft, pela Gráfica Rettec.